BEI GRIN MACHT SICH IHR WISSEN BEZAHLT

- Wir veröffentlichen Ihre Hausarbeit, Bachelor- und Masterarbeit

- Ihr eigenes eBook und Buch - weltweit in allen wichtigen Shops

- Verdienen Sie an jedem Verkauf

Jetzt bei www.GRIN.com hochladen und kostenlos publizieren

Friedrich Wilhelm Nietzsche

Lieder des Prinzen Vogelfrei - Idyllen aus Messina

(zwei Gedichtzyklen)

GRIN Verlag

Bibliografische Information der Deutschen Nationalbibliothek:

Die Deutsche Bibliothek verzeichnet diese Publikation in der Deutschen Nationalbibliografie; detaillierte bibliografische Daten sind im Internet über http://dnb.d-nb.de/ abrufbar.

Dieses Werk sowie alle darin enthaltenen einzelnen Beiträge und Abbildungen sind urheberrechtlich geschützt. Jede Verwertung, die nicht ausdrücklich vom Urheberrechtsschutz zugelassen ist, bedarf der vorherigen Zustimmung des Verlages. Das gilt insbesondere für Vervielfältigungen, Bearbeitungen, Übersetzungen, Mikroverfilmungen, Auswertungen durch Datenbanken und für die Einspeicherung und Verarbeitung in elektronische Systeme. Alle Rechte, auch die des auszugsweisen Nachdrucks, der fotomechanischen Wiedergabe (einschließlich Mikrokopie) sowie der Auswertung durch Datenbanken oder ähnliche Einrichtungen, vorbehalten.

Impressum:

Copyright © 2009 GRIN Verlag GmbH
Druck und Bindung: Books on Demand GmbH, Norderstedt Germany
ISBN: 978-3-640-24592-5

Dieses Buch bei GRIN:

http://www.grin.com/de/e-book/120554/lieder-des-prinzen-vogelfrei-idyllen-aus-messina

GRIN - Your knowledge has value

Der GRIN Verlag publiziert seit 1998 wissenschaftliche Arbeiten von Studenten, Hochschullehrern und anderen Akademikern als eBook und gedrucktes Buch. Die Verlagswebsite www.grin.com ist die ideale Plattform zur Veröffentlichung von Hausarbeiten, Abschlussarbeiten, wissenschaftlichen Aufsätzen, Dissertationen und Fachbüchern.

Besuchen Sie uns im Internet:

http://www.grin.com/

http://www.facebook.com/grincom

http://www.twitter.com/grin_com

Friedrich Wilhelm Nietzsche

Lieder des Prinzen Vogelfrei

und

Idyllen aus Messina

(Gedichtzyklen)

[erstmalig erschienen 1882]

Inhalt

Lieder des Prinzen Vogelfrei 5

An den Mistral..5
An Goethe...7
Dichters Berufung..7
"Diesen ungewissen Seelen"..9
Die fromme Beppa..9
Der geheimnisvolle Nachen.......................................11
Im Süden..12
Liebeserklärung..13
Lied eines theokritischen Ziegenhirten..................13
"Mein Glück!"...14
Nach neuen Meeren..15
Narr in Verzweiflung..16
Rimus remedium..16
Ruhm und Ewigkeit..17
Sils-Maria...20

Idyllen aus Messina..21
   Vogel Albatross...21
   Die kleine Brigg, genannt "das Engelchen"...................21
   Der neue Columbus..23
   Das nächtliche Geheimniss..23
   Die kleine Hexe..24
   "Pia, caritatevole, amoresissima"..25
   Vereinsamt..26
   Vogel - Urtheil...27
   Prinz Vogelfrei...27
   Intermezzo..28
   Aus hohen Bergen..29
   Ist Das noch deutsch?..32
   Ich wohne in meinem eignen Haus....................................32
   Sieben Weibs-Sprüchlein...33
   Unter Freunden..33
   Die Wüste wächst 34
   Bei abgehellter Luft..39
   Oh Mensch! Gieb Acht!..42
   Einstmals 42
   Wer wärmt mich 43
   Der du mit dem Flammenspeere.......................................46
   Schicksal 46
   »Freunde, es giebt 46

Lieder des Prinzen Vogelfrei

An den Mistral.
Ein Tanzlied.

Mistral-Wind, du Wolken-Jäger,
Trübsal-Mörder, Himmels-Feger,
Brausender, wie lieb' ich dich!
Sind wir Zwei nicht Eines Schoosses
Erstlingsgabe, Eines Looses
Vorbestimmte ewiglich?

Hier auf glatten Felsenwegen
Lauf' ich tanzend dir entgegen,
Tanzend, wie du pfeifst und singst:
Der du ohne Schiff und Ruder
Als der Freiheit freister Bruder
Ueber wilde Meere springst.

Kaum erwacht, hört' ich dein Rufen,
Stürmte zu den Felsenstufen,
Hin zur gelben Wand am Meer.
Heil! da kamst du schon gleich hellen
Diamantnen Stromesschnellen
Sieghaft von den Bergen her.

Auf den ebnen Himmels-Tennen
Sah ich deine Rosse rennen,
Sah den Wagen, der dich trägt,
Sah die Hand dir selber zücken,
Wenn sie auf der Rosse Rücken
Blitzesgleich die Geissel schlägt, –

Sah dich aus dem Wagen springen,
Schneller dich hinabzuschwingen,

Sah dich wie zum Pfeil verkürzt
Senkrecht in die Tiefe stossen, –
Wie ein Goldstrahl durch die Rosen
Erster Morgenröthen stürzt.

Tanze nun auf tausend Rücken,
Wellen-Rücken, Wellen-Tücken –
Heil, wer *neue* Tänze schafft!
Tanzen wir in tausend Weisen,
Frei – sei *unsre* Kunst geheissen,
Fröhlich – *unsre* Wissenschaft!

Raffen wir von jeder Blume
Eine Blüthe uns zum Ruhme
Und zwei Blätter noch zum Kranz!
Tanzen wir gleich Troubadouren
Zwischen Heiligen und Huren,
Zwischen Gott und Welt den Tanz!

Wer nicht tanzen kann mit Winden,
Wer sich wickeln muss mit Binden,
Angebunden, Krüppel-Greis,
Wer da gleicht den Heuchel-Hänsen,
Ehren-Tölpeln, Tugend-Gänsen,
Fort aus unsrem Paradeis!

Wirbeln wir den Staub der Strassen
Allen Kranken in die Nasen,
Scheuchen wir die Kranken-Brut!
Lösen wir die ganze Küste
Von dem Odem dürrer Brüste,
Von den Augen ohne Muth!

Jagen wir die Himmels-Trüber,
Welten-Schwärzer, Wolken-Schieber,
Hellen wir das Himmelreich!
Brausen wir...oh aller freien

Geister Geist, mit dir zu Zweien
Braust mein Glück dem Sturme gleich. –

– Und dass ewig das Gedächtniss
Solchen Glücks, nimm mein Vermächtniss,
Nimm den *Kranz* hier mit hinauf!
Wirf ihn höher, ferner, weiter,
Stürm' empor die Himmelsleiter,
Häng ihn – an den Sternen auf!

An Goethe.

Das Unvergängliche
Ist nur dein Gleichniss!
Gott der Verfängliche
Ist Dichter-Erschleichniss…

Welt-Rad, das rollende,
Streift Ziel auf Ziel:
Noth – nennt's der Grollende,
Der Narr nennt's – Spiel…

Welt-Spiel, das herrische,
Mischt Sein und Schein: –
Das Ewig-Närrische
Mischt *uns* – hinein!…

Dichters Berufung.

Als ich jüngst, mich zu erquicken,
Unter dunklen Bäumen sass,
Hört' ich ticken, leise ticken,
Zierlich, wie nach Takt und Maass.
Böse wurd' ich, zog Gesichter, –
Endlich aber gab ich nach,

Bis ich gar, gleich einem Dichter,
Selber mit im Tiktak sprach.

Wie mir so im Verse-Machen
Silb' um Silb' ihr Hopsa sprang,
Musst' ich plötzlich lachen, lachen
Eine Viertelstunde lang.
Du ein Dichter? Du ein Dichter?
Steht's mit deinem Kopf so schlecht?
– "Ja, mein Herr, Sie sind ein Dichter"
Achselzuckt der Vogel Specht.

Wessen harr' ich hier im Busche?
Wem doch laur' ich Räuber auf?
Ist's ein Spruch? Ein Bild? Im Husche
Sitzt mein Reim ihm hintendrauf.
Was nur schlüpft und hüpft, gleich sticht der
Dichter sich's zum Vers zurecht.
– "Ja, mein Herr, Sie sind ein Dichter"
Achselzuckt der Vogel Specht.

Reime, mein' ich, sind wie Pfeile?
Wie das zappelt, zittert, springt,
Wenn der Pfeil in edle Theile
Des Lacerten-Leibchens dringt!
Ach, ihr sterbt dran, arme Wichter,
Oder taumelt wie bezecht!
– "Ja, mein Herr, Sie sind ein Dichter"
Achselzuckt der Vogel Specht.

Schiefe Sprüchlein voller Eile,
Trunkne Wörtlein, wie sich's drängt!
Bis ihr Alle, Zeil' an Zeile,
An der Tiktak-Kette hängt.
Und es giebt grausam Gelichter,
Das dies – freut? Sind Dichter – schlecht?

– "Ja, mein Herr, Sie sind ein Dichter"
Achselzuckt der Vogel Specht.

Höhnst du, Vogel? Willst du scherzen?
Steht's mit meinem Kopf schon schlimm,
Schlimmer stünd's mit meinem Herzen?
Fürchte, fürchte meinen Grimm! –
Doch der Dichter – Reime flicht er
Selbst im Grimm noch schlecht und recht.
– "Ja, mein Herr, Sie sind ein Dichter"
Achselzuckt der Vogel Specht.

"Diesen ungewissen Seelen".

Diesen ungewissen Seelen
Bin ich grimmig gram.
All ihr Ehren ist ein Quälen,
All ihr Lob ist Selbstverdruss und Scham.

Dass ich nicht an *ihrem* Stricke
Ziehe durch die Zeit,
Dafür grüsst mich ihrer Blicke
Giftig-süsser hoffnungsloser Neid.

Möchten sie mir herzhaft fluchen
Und die Nase drehn!
Dieser Augen hülflos Suchen
Soll bei mir auf ewig irre gehn.

Die fromme Beppa.

So lang noch hübsch mein Leibchen,
Lohnt's sich schon, fromm zu sein.
Man weiss, Gott liebt die Weibchen,
Die hübschen obendrein.
Er wird's dem armen Mönchlein

Gewisslich gern verzeih'n,
Dass er, gleich manchem Mönchlein,
So gern will bei mir sein.

Kein grauer Kirchenvater!
Nein, jung noch und oft roth,
Oft trotz dem grausten Kater
Voll Eifersucht und Noth.
Ich liebe nicht die Greise,
Er liebt die Alten nicht:
Wie wunderlich und weise
Hat Gott dies eingericht!

Die Kirche weiss zu leben,
Sie prüft Herz und Gesicht.
Stets will sie mir vergeben, –
Ja, wer vergiebt mir nicht!
Man lispelt mit dem Mündchen,
Man knixt und geht hinaus,
Und mit dem neuen Sündchen
Löscht man das alte aus.

Gelobt sei Gott auf Erden,
Der hübsche Mädchen liebt
Und derlei Herzbeschwerden
Sich selber gern vergiebt.
So lang noch hübsch mein Leibchen,
Lohnt sich's schon, fromm zu sein:
Als altes Wackelweibchen
Mag mich der Teufel frein!

Der geheimnisvolle Nachen.

Gestern Nachts, als Alles schlief,
Kaum der Wind mit ungewissen
Seufzern durch die Gassen lief,
Gab mir Ruhe nicht das Kissen,
Noch der Mohn, noch, was sonst tief
Schlafen macht, – ein gut Gewissen.

Endlich schlug ich mir den Schlaf
Aus dem Sinn und lief zum Strande.
Mondhell war's und mild, – ich traf
Mann und Kahn auf warmem Sande,
Schläfrig beide, Hirt und Schaf: –
Schläfrig stiess der Kahn vom Lande.

Eine Stunde, leicht auch zwei,
Oder war's ein Jahr? – da sanken
Plötzlich mir Sinn und Gedanken
In ein ew'ges Einerlei,
Und ein Abgrund ohne Schranken
That sich auf: – da war's vorbei!

– Morgen kam: auf schwarzen Tiefen
Steht ein Kahn und ruht und ruht...
Was geschah? so rief's, so riefen
Hundert bald: was gab es? Blut? – –
Nichts geschah! Wir schliefen, schliefen
Alle – ach, so gut! so gut!

Im Süden.

So häng' ich denn auf krummem Aste
Und schaukle meine Müdigkeit.
Ein Vogel lud mich her zu Gaste,
Ein Vogelnest ist's, drin ich raste.
Wo bin ich doch? Ach, weit! Ach, weit!

Das weisse Meer liegt eingeschlafen,
Und purpurn steht ein Segel drauf.
Fels, Feigenbäume, Thurm und Hafen,
Idylle rings, Geblök von Schafen, –
Unschuld des Südens, nimm mich auf!

Nur Schritt für Schritt – das ist kein Leben,
Stets Bein vor Bein macht deutsch und schwer.
Ich hiess den Wind mich aufwärts heben,
Ich lernte mit den Vögeln Schweben, –
Nach Süden flog ich über's Meer.

Vernunft! Verdriessliches Geschäfte!
Das bringt uns allzubald an's Ziel!
Im Fliegen lernt' ich, was mich äffte, –
Schon fühl' ich Muth und Blut und Säfte
Zu neuem Leben, neuem Spiel...

Einsam zu denken nenn' ich weise,
Doch einsam singen – wäre dumm!
So hört ein Lied zu eurem Preise
Und setzt euch still um mich im Kreise,
Ihr schlimmen Vögelchen, herum!

So jung, so falsch, so umgetrieben
Scheint ganz ihr mir gemacht zum Lieben
Und jedem schönen Zeitvertreib?
Im Norden – ich gesteh's mit Zaudern –

Liebt' ich ein Weibchen, alt zum Schaudern:
"Die Wahrheit" hiess dies alte Weib...

Liebeserklärung

(bei der aber der Dichter in eine Grube fiel -)

Oh Wunder! Fliegt er noch?
Er steigt empor, und seine Flügel ruhn?
Was hebt und trägt ihn doch?
Was ist ihm Ziel und Zug und Zügel nun?

Gleich Stern und Ewigkeit
Lebt er in Höhn jetzt, die das Leben flieht,
Mitleidig selbst dem Neid –:
Und hoch flog, wer ihn auch nur schweben sieht!

Oh Vogel Albatross!
Zur Höhe treibt's mit ew'gem Triebe mich.
Ich dachte dein: da floss
Mir Thrän' um Thräne, – ja, ich liebe dich!

Lied eines theokritischen Ziegenhirten.

Da lieg' ich, krank im Gedärm, –
Mich fressen die Wanzen.
Und drüben noch Licht und Lärm!
Ich hör's, sie tanzen...

Sie wollte um diese Stund'
Zu mir sich schleichen.
Ich warte wie ein Hund, –
Es kommt kein Zeichen.

Das Kreuz, als sie's versprach?
Wie konnte sie lügen?

– Oder läuft sie Jedem nach,
Wie meine Ziegen?

Woher ihr seid'ner Rock? –
Ah, meine Stolze?
Es wohnt noch mancher Bock
An diesem Holze?

– Wie kraus und giftig macht
Verliebtes Warten!
So wächst bei schwüler Nacht
Giftpilz im Garten.

Die Liebe zehrt an mir
Gleich sieben Uebeln, –
Nichts mag ich essen schier.
Lebt wohl, ihr Zwiebeln!

Der Mond gieng schon in's Meer,
Müd sind alle Sterne,
Grau kommt der Tag daher, –
Ich stürbe gerne.

"Mein Glück!"

Die Tauben von San Marco seh ich wieder:
Still ist der Platz, Vormittag ruht darauf.
In sanfter Kühle schick' ich müssig Lieder
Gleich Taubenschwärmen in das Blau hinauf –
    Und locke sie zurück,
Noch einen Reim zu hängen in's Gefieder
    – mein Glück! Mein Glück!

Du stilles Himmels-Dach, blau-licht, von Seide,
Wie schwebst du schirmend ob des bunten Bau's,
Den ich – was sag ich? – liebe, fürchte, *neide*...
Die Seele wahrlich tränk' ich gern ihm aus!

Gäb' ich sie je zurück? –
Nein, still davon, du Augen-Wunderweide!
– mein Glück! Mein Glück!

Du strenger Thurm, mit welchem Löwendrange
Stiegst du empor hier, siegreich, sonder Müh!
Du überklingst den Platz mit tiefem Klange –:
Französisch, wärst du sein accent aigu?
Blieb ich gleich dir zurück,
Ich wüsste, aus welch seidenweichem Zwange…
– mein Glück! Mein Glück!

Fort, fort, Musik! Lass erst die Schatten dunkeln
Und wachsen bis zur braunen lauen Nacht!
Zum Tone ist's zu früh am Tag, noch funkeln
Die Gold-Zieraten nicht in Rosen-Pracht,
Noch blieb viel Tag zurück,
Viel Tag für Dichten, Schleichen, Einsam-Munkeln
– mein Glück! Mein Glück!

Nach neuen Meeren.

Dorthin – *will* ich; und ich traue
Mir fortan und meinem Griff.
Offen liegt das Meer, in's Blaue
Treibt mein Genueser Schiff.

Alles glänzt mir neu und neuer,
Mittag schläft auf Raum und Zeit –:
Nur *dein* Auge – ungeheuer
Blickt mich's an, Unendlichkeit!

Narr in Verzweiflung.

Ach! Was ich schrieb auf Tisch und Wand
Mit Narrenherz und Narrenhand,
Das sollte Tisch und Wand mir zieren?...

Doch *ihr* sagt: "Narrenhände schmieren, –
Und Tisch und Wand soll man purgieren,
Bis auch die letzte Spur verschwand!"

Erlaubt! Ich lege Hand mit an –,
Ich lernte Schwamm und Besen führen,
Als Kritiker, als Wassermann.

Doch, wenn die Arbeit abgethan,
Säh' gern ich euch, ihr Ueberweisen,
Mit Weisheit Tisch und Wand besch......

Rimus remedium.
Oder: Wie kranke Dichter sich trösten.

Aus deinem Munde,
Du speichelflüssige Hexe Zeit,
Tropft langsam Stund' auf Stunde.
Umsonst, dass all mein Ekel schreit:
"Fluch, Fluch dem Schlunde
   Der Ewigkeit!"

Welt – ist von Erz:
Ein glühender Stier, – der hört kein Schrein.
Mit fliegenden Dolchen schreibt der Schmerz
Mir in's Gebein:
   "Welt hat kein Herz,
Und Dummheit wär's, ihr gram drum sein!"

Giess alle Mohne,
Giess, Fieber! Gift mir in's Gehirn!
Zu lang schon prüfst du mir Hand und Stirn.
Was frägst du? Was? "Zu welchem – Lohne?"
– – Ha! Fluch der Dirn'
Und ihrem Hohne!

Nein! Komm zurück!
Draussen ist's kalt, ich höre regnen –
Ich sollte dir zärtlicher begegnen?
– Nimm! Hier ist Gold: wie glänzt das Stück! –
Dich heissen "Glück"?
Dich, Fieber, segnen? –

Die Thür springt auf!
Der Regen sprüht nach meinem Bette!
Wind löscht das Licht, – Unheil in Hauf'!
– Wer jetzt nicht hundert *Reime* hätte,
    Ich wette, wette,
Der gienge drauf!

Ruhm und Ewigkeit.

1. WIE lange sitzest du schon
    auf deinem Mißgeschick?
Gib acht! du brütest mir noch
    ein Ei
    ein Basilisken-Ei
aus deinem langen Jammer aus.

Was schleicht Zarathustra entlang dem Berge? –

Mißtrauisch, geschwürig, düster,
ein langer Laurer -,
aber plötzlich, ein Blitz,

hell, furchtbar, ein Schlag
gen Himmel aus dem Abgrund:
- dem Berge selber schüttelt sich
das Eingeweide...

Wo Haß und Blitzstrahl
eins ward, ein *Fluch* -,
auf den Bergen haust jetzt Zarathustras Zorn,
eine Wetterwolke schleicht er seines Wegs.

Verkrieche sich, wer eine letzte Decke hat!
Ins Bett mit euch, ihr Zärtlinge!
Nun rollen Donner über die Gewölbe,
nun zittert, was Gebälk und Mauer ist,
nun zucken Blitze und schwefelgelbe Wahrheiten -
Zarathustra *flucht*...

2. DIESE Münze, mit der
alle Welt bezahlt,
Ruhm -,
mit Handschuhen fasse ich diese Münze an,
mit Ekel trete ich sie *unter* mich.

Wer will bezahlt sein?
Die Käuflichen...
Wer *feil* steht, greift
mit fetten Händen
nach diesem Allerwelts-Blechklingklang Ruhm!

- *Willst* du sie kaufen?
Sie sind alle käuflich.
Aber biete viel!
klingle mit vollem Beutel!
- du *stärkst* sie sonst,
du stärkst sonst ihre *Tugend*...

Sie sind alle tugendhaft.

Ruhm und Tugend - das reimt sich.
Solange die Welt lebt,
zahlt sie Tugend-Geplapper
mit Ruhm-Geklapper -,
die Welt *lebt* von diesem Lärm...

Vor allen Tugendhaften
will ich schuldig sein,
schuldig heißen mit jeder großen Schuld!
Vor allen Ruhms-Schalltrichtern
wird mein Ehrgeiz zum Wurm -,
unter solchen gelüstet's mich,
der *Niedrigste* zu sein...

Diese Münze, mit der
alle Welt bezahlt,
Ruhm -,
mit Handschuhen fasse ich diese Münze an,
mit Ekel trete ich sie *unter* mich.

3. STILL! -
Von großen Dingen - ich *sehe* Großes! -
soll man schweigen
oder groß reden:
rede groß, meine entzückte Weisheit!

Ich sehe hinauf -
dort rollen Lichtmeere:
- o Nacht, o Schweigen, o totenstiller Lärm!...
Ich sehe ein Zeichen -,
aus fernsten Fernen
sinkt langsam funkelnd ein Sternbild gegen mich...

4. HÖCHSTES Gestirn des Seins!
Ewiger Bildwerke Tafel!
Du kommst zu mir? –
Was keiner erschaut hat,

deine stumme Schönheit -,
wie? sie flieht vor meinen Blicken nicht?

Schild der Notwendigkeit!
Ewiger Bildwerke Tafel!
- aber du weißt es ja:
was alle hassen,
was allein *ich* liebe,
daß du *ewig* bist!
daß du *notwendig* bist!
Meine Liebe entzündet
sich ewig nur an der Notwendigkeit.

Schild der Notwendigkeit!
Höchstes Gestirn des Seins!
- das kein Wunsch erreicht,
das kein Nein befleckt,
ewiges Ja des Seins,
ewig bin ich dein Ja:
denn ich liebe dich, o Ewigkeit! --

Sils-Maria.

Hier sass ich, wartend, wartend, – doch auf Nichts,
Jenseits von Gut und Böse, bald des Lichts
Geniessend, bald des Schattens, ganz nur Spiel,
Ganz See, ganz Mittag, ganz Zeit ohne Ziel.

Da, plötzlich, Freundin! wurde Eins zu Zwei –
– Und Zarathustra gieng an mir vorbei...

Idyllen aus Messina

Vogel Albatross.

O Wunder! Fliegt er noch?
Er steigt empor und seine Flügel ruhn!
Was hebt und trägt ihn doch?
Was ist ihm Ziel und Zug und Zügel nun?

Er flog zu höchst - nun hebt
Der Himmel selbst den siegreich Fliegenden:
Nun ruht er still und schwebt,
Den Sieg vergessend und den Siegenden.

Gleich Stern und Ewigkeit
Lebt er in Höhn jetzt, die das Leben flieht,
Mitleidig selbst dem Neid -:
Und hoch flog, wer ihn auch nur schweben sieht!

O Vogel Albatross!
Zur Höhe treibt's mit ew'gem Triebe mich!
Ich dachte dein: da floss
Mir Thrän' um Thräne - ja, ich liebe dich!

Die kleine Brigg, genannt "das Engelchen".

Engelchen: so nennt man mich -
Jetzt ein Schiff, dereinst ein Mädchen,
Ach, noch immer sehr ein Mädchen!
Denn es dreht um Liebe sich
Stäts mein feines Steuerrädchen.

Engelchen: so nennt man mich -
Bin geschmückt mit hundert Fähnchen,
Und das schönste Kapitänchen

Bläht an meinem Steuer sich,
Als das hundert erste Fähnchen.

Engelchen: so nennt man mich –
Ueberall hin, wo ein Flämmchen
Für mich glüht, lauf ich ein Lämmchen
Meinen Weg sehnsüchtiglich:
Immer war ich solch ein Lämmchen.

Engelchen: so nennt man mich –
Glaubt ihr wohl, dass wie ein Hündchen
Bell'n ich kann und dass mein Mündchen
Dampf und Feuer wirft um sich?
Ach, des Teufels ist mein Mündchen!

Engelchen: so nennt man mich –
Sprach ein bitterböses Wörtchen
Einst, dass schnell zum letzten Oertchen
Mein Geliebtester entwich:
Ja, er starb an diesem Wörtchen!

Engelchen: so nennt man mich –
Kaum gehört, sprang ich vom Klippchen
In den Grund und brach ein Rippchen,
Dass die liebe Seele wich:
Ja, sie wich durch dieses Rippchen!

Engelchen: so nennt man mich –
Meine Seele, wie ein Kätzchen,
That eins, zwei, drei, vier, fünf Sätzchen,
Schwang dann in dies Schiffchen sich –
Ja, sie hat geschwinde Tätzchen.

Engelchen: so nennt man mich –
Jetzt ein Schiff, dereinst ein Mädchen,
Ach, noch immer sehr ein Mädchen!

Denn es dreht um Liebe sich
Stäts mein feines Steuerrädchen.

Der neue Columbus

Freundin! - sprach Columbus - traue
keinem Genueser mehr!
Immer starrt er in das Blaue -
Fernstes lockt ihn allzusehr!

Fremdestes ist nun mir teuer!
Genua, das sank, das schwand -
Herz, bleib kalt! Hand, halt das Steuer!
Vor mir Meer - und Land? - und Land? ---

Stehen fest wir auf den Füßen!
Nimmer können wir zurück!
Schaun hinaus: von fernher grüßen
Uns Ein Tod, Ein Ruhm, Ein Glück!

Das nächtliche Geheimniss.

Gestern Nachts, als Alles schlief,
Kaum der Wind mit ungewissen
Seufzern durch die Gassen lief,
Gab mir Ruhe nicht das Kissen,
Noch der Mohn, noch, was sonst tief
Schlafen macht - ein gut Gewissen.

Endlich schlug ich mir den Schlaf
Aus dem Sinn und lief zum Strande.
Mondhell war's und mild - ich traf
Mann und Kahn auf warmem Sande,
Schläfrig beide, Hirt und Schaf: -
Schläfrig stiess der Kahn vom Lande.

Eine Stunde, leicht auch zwei,
Oder war's ein Jahr? - da sanken
Plötzlich mir Sinn und Gedanken
In ein ew'ges Einerlei,
Und ein Abgrund ohne Schranken
That sich auf: - da war's vorbei! -

Morgen kam: auf schwarzen Tiefen
Steht ein Kahn und ruht und ruht - -
Was geschah? so riefs, so riefen
Hundert bald - was gab es? Blut? -
Nichts geschah! Wir schliefen, schliefen
Alle - ach, so gut! so gut!

Die kleine Hexe.

So lang noch hübsch mein Leibchen,
Lohnt sichs schon, fromm zu sein.
Man weiss, Gott liebt die Weibchen,
Die hübschen obendrein.
Er wird's dem art'gen Mönchlein
Gewisslich gern verzeihn,
Dass er, gleich manchem Mönchlein,
So gern will bei mir sein.

Kein grauer Kirchenvater!
Nein, jung noch und oft roth,
Oft gleich dem grausten Kater
Voll Eifersucht und Noth!
Ich liebe nicht die Greise,
Er liebt die Alten nicht:
Wie wunderlich und weise
Hat Gott dies eingericht!

Die Kirche weiss zu leben,
Sie prüft Herz und Gesicht.

Stäts will sie mir vergeben: -
Ja wer vergiebt mir nicht!
Man lispelt mit dem Mündchen,
Man knixt und geht hinaus
Und mit dem neuen Sündchen
Löscht man das alte aus.

Gelobt sei Gott auf Erden,
Der hübsche Mädchen liebt
Und derlei Herzbeschwerden
Sich selber gern vergiebt!
So lang noch hübsch mein Leibchen,
Lohnt sich's schon, fromm zu sein:
Als altes Wackelweibchen
Mag mich der Teufel frein!

"Pia, caritatevole, amoresissima".

(Auf dem campo santo.)

O Mädchen, das dem Lamme
Das zarte Fellchen kraut,
Dem Beides, Licht und Flamme,
Aus beiden Augen schaut,
Du lieblich Ding zum Scherzen,
Du Liebling weit und nah,
So fromm, so mild von Herzen,
Amorosissima!

Was riss so früh die Kette?
Wer hat dein Herz betrübt?
Und liebtest du, wer hätte
Dich nicht genug geliebt? -
Du schweigst - doch sind die Thränen
Den milden Augen nah:

Du schwiegst - und starbst vor Sehnen,
Amorosissima?

Vereinsamt

Die Krähen schrein
Und ziehen schwirren Flugs zur Stadt:
Bald wird es schnein. -
Wohl dem, der jetzt noch Heimat hat!

Nun stehst du starr,
Schaust rückwärts, ach! wie lange schon!
Was bist Du Narr
Vor Winters in die Welt entflohn?

Die Welt - ein Tor
Zu tausend Wüsten stumm und kalt!
Wer das verlor,
Was du verlorst, macht nirgends halt.

Nun stehst du bleich,
Zur Winter-Wanderschaft verflucht,
Dem Rauche gleich,
Der stets nach kältern Himmeln sucht.

Flieg, Vogel, schnarr
Dein Lied im Wüstenvogel-Ton! -
Versteck, du Narr,
Dein blutend Herz in Eis und Hohn!

Die Krähen schrein
Und ziehen schwirren Flugs zur Stadt:
Bald wird es schnein. -
Weh dem, der keine Heimat hat.

Vogel - Urtheil.

Als ich jüngst, mich zu erquicken,
Unter dunklen Bäumen sass,
Hört' ich ticken, leise ticken,
Zierlich, wie nach Takt und Maass.
Böse wurd' ich, zog Gesichter,
Endlich aber gab ich nach,
Bis ich gar, gleich einem Dichter,
Selber mit im Tiktak sprach.

Wie mir so im Versemachen
Silb' um Silb' ihr Hopsa sprang,
Musst ich plötzlich lachen, lachen
Eine Viertelstunde lang,
Du ein Dichter? Du ein Dichter?
Stehts mit deinem Kopf so schlecht? -
"Ja, mein Herr! Sie sind ein Dichter!"
- Also sprach der Vogel Specht.

Prinz Vogelfrei.

So hang ich denn auf krummem Aste
Hoch über Meer und Hügelchen:
Ein Vogel lud mich her zu Gaste
Ich flog ihm nach und rast' und raste
Und schlage mit den Flügelchen.

Das weisse Meer ist eingeschlafen,
Es schläft mir jedes Weh und Ach.
Vergessen hab' ich Ziel und Hafen,
Vergessen Furcht und Lob und Strafen:
Jetzt flieg ich jedem Vogel nach.

Nur Schritt für Schritt - das ist kein Leben!
Stäts Bein vor Bein macht müd und schwer!
Ich lass mich von den Winden heben,
Ich liebe es, mit Flügeln schweben
Und hinter jedem Vogel her.

Vernunft? - das ist ein bös Geschäfte:
Vernunft und Zunge stolpern viel!
Das Fliegen gab mir neue Kräfte
Und lehrt' mich schönere Geschäfte,
Gesang und Scherz und Liederspiel.

Einsam zu denken - das ist weise.
Einsam zu singen - das ist dumm!
So horcht mir denn auf meine Weise
Und setzt euch still um mich im Kreise,
Ihr schönen Vögelchen, herum!

Intermezzo.

– Ich sage noch ein Wort für die ausgesuchtesten Ohren: was *ich* eigentlich von der Musik will. Dass sie heiter und tief ist, wie ein Nachmittag im Oktober. Dass sie eigen, ausgelassen, zärtlich, ein kleines süsses Weib von Niedertracht und Anmuth ist... Ich werde nie zulassen, dass ein Deutscher wissen *könne*, was Musik ist. Was man deutsche Musiker nennt, die grössten voran, sind *Ausländer*, Slaven, Croaten, Italiäner, Niederländer – oder Juden; im andren Falle Deutsche der starken Rasse, *ausgestorbene* Deutsche, wie Heinrich Schütz, Bach und Händel. Ich selbst bin immer noch Pole genug, um gegen Chopin den Rest der Musik hinzugeben: ich nehme, aus drei Gründen, Wagner's Siegfried-Idyll aus, vielleicht auch Einiges von Liszt, der die vornehmen Orchester-Accente vor allen Musikern vorraus hat; zuletzt noch Alles, was jenseits der Alpen gewachsen ist – *diesseits*... Ich würde Rossini nicht zu missen wissen, noch weniger *meinen* Süden in der Musik, die Musik meines Venediger maëstro Pietro Gasti. Und wenn ich jenseits der Alpen sage, sage ich eigentlich nur Venedig. Wenn ich ein anderes Wort für Musik suche, so finde ich immer nur das Wort Venedig. Ich weiss keinen Unterschied zwischen Thränen und Musik zu machen, – ich weiss das Glück, den *Süden* nicht ohne Schauder von Furchtsamkeit zu denken.

> An der Brücke stand
> jüngst ich in brauner Nacht.
> Fernher kam Gesang:
> goldener Tropfen quoll's
> über die zitternde Fläche weg.
> Gondeln, Lichter, Musik –
> trunken schwamm's in die Dämmrung hinaus...
>
> Meine Seele, ein Saitenspiel,
> sang sich, unsichtbar berührt,
> heimlich ein Gondellied dazu,
> zitternd vor bunter Seligkeit.
> – Hörte Jemand ihr zu?...

Aus hohen Bergen.

Nachgesang.

> Oh Lebens Mittag! Feierliche Zeit!
>   Oh Sommergarten!
> Unruhig Glück im Stehn und Spähn und Warten: –
> Der Freunde harr' ich, Tag und Nacht bereit,
> Wo bleibt ihr Freunde? Kommt! 's ist Zeit! 's ist Zeit!
>
> War's nicht für euch, dass sich des Gletschers Grau
>   Heut schmückt mit Rosen?
> Euch sucht der Bach, sehnsüchtig drängen, stossen
> Sich Wind und Wolke höher heut in's Blau,
> Nach euch zu spähn aus fernster Vogel-Schau.

Im Höchsten ward für euch mein Tisch gedeckt: –
　　Wer wohnt den Sternen
So nahe, wer des Abgrunds grausten Fernen?
Mein Reich – welch Reich hat weiter sich gereckt?
Und meinen Honig – wer hat ihn geschmeckt?...

– Da *seid* ihr, Freunde! – Weh, doch *ich* bin's nicht,
　　Zu dem ihr wolltet?
Ihr zögert, staunt – ach, dass ihr lieber grolltet!
Ich – bin's nicht mehr? Vertauscht Hand, Schritt, Gesicht?
Und *was* ich bin, euch Freunden – bin ich's nicht?

Ein Andrer ward ich? Und mir selber fremd?
　　Mir selbst entsprungen?
Ein Ringer, der zu oft sich selbst bezwungen?
Zu oft sich gegen eigne Kraft gestemmt,
Durch eignen Sieg verwundet und gehemmt?

Ich suchte, wo der Wind am schärfsten weht?
　　Ich lernte wohnen,
Wo Niemand wohnt, in öden Eisbär-Zonen,
Verlernte Mensch und Gott, Fluch und Gebet?
Ward zum Gespenst, das über Gletscher geht?

– Ihr alten Freunde! Seht! Nun blickt ihr bleich,
　　Voll Lieb' und Grausen!
Nein, geht! Zürnt nicht! Hier – könntet *ihr* nicht hausen:
Hier zwischen fernstem Eis- und Felsenreich –
Hier muss man Jäger sein und gemsengleich.

Ein *schlimmer* Jäger ward ich! – Seht, wie steil
　　Gespannt mein Bogen!
Der Stärkste war's, der solchen Zug gezogen – –:
Doch wehe nun! Gefährlich ist *der* Pfeil,
Wie *kein* Pfeil, – fort von hier! Zu eurem Heil!.....

Ihr wendet euch? – Oh Herz, du trugst genung,
　　Stark blieb dein Hoffen:
Halt *neuen* Freunden deine Thüren offen!
Die alten lass! Lass die Erinnerung!
Warst einst du jung, jetzt – bist du besser jung!

Was je uns knüpfte, Einer Hoffnung Band, –
　　Wer liest die Zeichen,
Die Liebe einst hineinschrieb, noch, die bleichen?
Dem Pergament vergleich ich's, das die Hand
zu fassen *scheut*, – ihm gleich verbräunt, verbrannt.

Nicht Freunde mehr, das sind – wie nenn' ich's doch? –
　　Nur Freunds-Gespenster!
Das klopft mir wohl noch Nachts an Herz und Fenster,
Das sieht mich an und spricht: »wir *waren's* doch?« –
– Oh welkes Wort, das einst wie Rosen roch!

Oh Jugend-Sehnen, das sich missverstand!
　　Die *ich* ersehnte,
Die ich mir selbst verwandt-verwandelt wähnte,
Dass *alt* sie wurden, hat sie weggebannt:
Nur wer sich wandelt, bleibt mit mir verwandt.

Oh Lebens Mittag! Zweite Jugendzeit!
　　Oh Sommergarten!
Unruhig Glück im Stehn und Spähn und Warten!
Der Freunde harr' ich, Tag und Nacht bereit,
Der *neuen* Freunde! Kommt! 's ist Zeit! 's ist Zeit!

Dies Lied ist aus, – der Sehnsucht süsser Schrei
　　Erstarb im Munde:
Ein Zaubrer that's, der Freund zur rechten Stunde,
Der Mittags-Freund – nein! fragt nicht, wer es sei –
Um Mittag war's, da wurde Eins zu Zwei.....

Nun feiern wir, vereinten Siegs gewiss,
　　Das Fest der Feste:
Freund *Zarathustra* kam, der Gast der Gäste!
Nun lacht die Welt, der grause Vorhang riss,
Die Hochzeit kam für Licht und Finsterniss.....

Ich wohne in meinem eignen Haus,
Hab Niemandem nie nichts nachgemacht
Und – lachte noch jeden Meister aus,
Der nicht sich selber ausgelacht.
　　Ueber meiner Hausthür.

Ist Das noch deutsch?

– Ist Das noch deutsch? –
Aus deutschem Herzen kam dies schwüle Kreischen?
Und deutschen Leibs ist dies Sich-selbst-Entfleischen?
Deutsch ist dies Priester-Händespreizen,
Dies weihrauch-düftelnde Sinne-Reizen?
Und deutsch dies Stocken, Stürzen, Taumeln,
Dies ungewisse Bimbambaumeln?
Dies Nonnen-Äugeln, Ave-Glocken-Bimmeln,
Dies ganze falsch verzückte Himmel-Überhimmeln?
– Ist Das noch deutsch? –
Erwägt! Noch steht ihr an der Pforte: –
Denn, was ihr hört, ist *Rom,* – *Rom's Glaube ohne Worte!*

Ich wohne in meinem eignen Haus

Ich wohne in meinem eignen Haus,
Hab Niemandem nie nichts nachgemacht
Und – lachte noch jeden Meister aus,
Der nicht sich selber ausgelacht.
　　Ueber meiner Hausthür.

Sieben Weibs-Sprüchlein.

Wie die längste Weile fleucht, kommt ein Mann zu uns gekeucht!

Alter, ach! und Wissenschaft giebt auch schwacher Tugend Kraft.

Schwarz Gewand und Schweigsamkeit kleidet jeglich Weib – gescheidt.

Wem im Glück ich dankbar bin? Gott! – und meiner Schneiderin.

Jung: beblümtes Höhlenhaus. Alt: ein Drache fährt heraus.

Edler Name, hübsches Bein, Mann dazu: oh wär' *er* mein!

Kurze Rede, langer Sinn – Glatteis für die Eselin!

Unter Freunden.
Ein Nachspiel.
1.

Schön ist's, mit einander schweigen,
Schöner, mit einander lachen, –
Unter seidenem Himmels-Tuche
Hingelehnt zu Moos und Buche
Lieblich laut mit Freunden lachen
Und sich weisse Zähne zeigen.

Macht' ich's gut, so woll'n wir schweigen;
Macht' ich's schlimm –, so woll'n wir lachen
Und es immer schlimmer machen,
Schlimmer machen, schlimmer lachen,
Bis wir in die Grube steigen.

Freunde! Ja! So soll's geschehn? –
Amen! Und auf Wiedersehn!

2.

Kein Entschuld'gen! Kein Verzeihen!
Gönnt ihr Frohen, Herzens-Freien
Diesem unvernünft'gen Buche
Ohr und Herz und Unterkunft!
Glaubt mir, Freunde, nicht zum Fluche
Ward mir meine Unvernunft!

Was *ich* finde, was *ich* suche –,
Stand das je in einem Buche?
Ehrt in mir die Narren-Zunft!
Lernt aus diesem Narrenbuche,
Wie Vernunft kommt – »zur Vernunft«!

Also, Freunde, soll's geschehn? –
Amen! Und auf Wiedersehn!

Heil euch, brave Karrenschieber,
Stets »je länger, desto lieber»,
Steifer stets an Kopf und Knie,
Unbegeistert, ungespässig,
Unverwüstlich-mittelmässig,
Sans genie et sans esprit!

Die Wüste wächst ...

Die Wüste wächst: weh Dem, der Wüsten birgt!
– Ha! Feierlich!
In der That feierlich!
Ein würdiger Anfang!
Afrikanisch feierlich!
Eines Löwen würdig,
Oder eines moralischen Brüllaffen –
– aber Nichts für euch,

Ihr allerliebsten Freundinnen,
Zu deren Füssen mir
Zum ersten Male,
Einem Europäer, unter Palmen
Zu sitzen vergönnt ist. Sela.

Wunderbar wahrlich!
Da sitze ich nun,
Der Wüste nahe und bereits
So fern wieder der Wüste,
Auch in Nichts noch verwüstet:
Nämlich hinabgeschluckt
Von dieser kleinsten Oasis –:
– sie sperrte gerade gähnend
Ihr liebliches Maul auf,
Das wohlriechendste aller Mäulchen:
Da fiel ich hinein,
Hinab, hindurch – unter euch,
Ihr allerliebsten Freundinnen! Sela.

Heil, Heil jenem Wallfische,
Wenn er also es seinem Gaste
Wohl sein liess! – ihr versteht
Meine gelehrte Anspielung?
Heil seinem Bauche,
Wenn er also
Ein so lieblicher Oasis-Bauch war
Gleich diesem: was ich aber in Zweifel ziehe,
– dafür komme ich aus Europa,
Das zweifelsüchtiger ist als alle
Ältlichen Eheweibchen.
Möge Gott es bessern!
Amen!

Da sitze ich nun,
In dieser kleinsten Oasis,
Einer Dattel gleich,

Braun, durchsüsst, goldschwürig, lüstern
Nach einem runden Mädchenmunde,
Mehr noch aber nach mädchenhaften
Eiskalten schneeweissen schneidigen
Beisszähnen: nach denen nämlich
Lechzt das Herz allen heissen Datteln. Sela.

Den genannten Südfrüchten
Ähnlich, allzuähnlich
Liege ich hier, von kleinen
Flügelkäfern
Umtänzelt und umspielt,
Insgleichen von noch kleineren
Thörichteren boshafteren
Wünschen und Einfällen, –
Umlagert von euch,
Ihr stummen, ihr ahnungsvollen
Mädchen-Katzen,
Dudu und Suleika,
– *umsphinxt*, dass ich in Ein Wort
Viel Gefühle stopfe:
(Vergebe mir Gott
Diese Sprach-Sünde!)
– sitze hier, die beste Luft schnüffelnd,
Paradieses-Luft wahrlich,
Lichte leichte Luft, goldgestreifte,
So gute Luft nur je
Vom Monde herabfiel –
Sei es aus Zufall,
Oder geschah es aus Übermuthe?
Wie die alten Dichter erzählen.
Ich Zweifler aber ziehe es
In Zweifel, dafür aber komme ich
Aus Europa,
Das zweifelsüchtiger ist als alle
Ältlichen Eheweibchen.

Möge Gott es bessern!
Amen!

Diese schönste Luft trinkend,
Mit Nüstern geschwellt gleich Bechern,
Ohne Zukunft, ohne Erinnerungen,
So sitze ich hier, ihr
Allerliebsten Freundinnen,
Und sehe der Palme zu,
Wie sie, einer Tänzerin gleich,
Sich biegt und schmiegt und in der Hüfte wiegt,
– man thut es mit, sieht man lange zu!
Einer Tänzerin gleich, die, wie mir scheinen will,
Zu lange schon, gefährlich lange
Immer, immer nur auf Einem Beine stand?
– da vergass ich darob, wie mir scheinen will,
Das andre Bein?
Vergebens wenigstens
Suchte ich das vermisste
Zwillings-Kleinod
– nämlich das andre Bein –
In der heiligen Nähe
Ihres allerliebsten, allerzierlichsten
Fächer- und Flatter- und Flitterröckchens.
Ja, wenn ihr mir, ihr schönen Freundinnen,
Ganz glauben wollt:
Sie hat es verloren!
Es ist dahin!
Auf ewig dahin!
Das andre Bein!
Oh schade um dieses liebliche andre Bein!
Wo – mag es wohl weilen und verlassen trauern?
Dieses einsame Bein?
In Furcht vielleicht vor einem
Grimmen gelben blondgelockten
Löwen-Unthiere? Oder gar schon

Abgenagt, abgeknabbert –
Erbärmlich, wehe! wehe! abgeknabbert! Sela.

Oh weint mir nicht,
Weiche Herzen!
Weint mir nicht, ihr
Dattel-Herzen! Milch-Busen!
Ihr Süssholz-Herz-
Beutelchen!
Weine nicht mehr,
Bleiche Dudu!
Sei ein Mann, Suleika! Muth! Muth!
– Oder sollte vielleicht
Etwas Stärkendes, Herz-Stärkendes,
Hier am Platze sein?
Ein gesalbter Spruch?
Ein feierlicher Zuspruch? –

Ha! Herauf, Würde!
Tugend-Würde! Europäer-Würde!
Blase, blase wieder,
Blasebalg der Tugend!
Ha!
Noch Ein Mal brüllen,
Moralisch brüllen!
Als moralischer Löwe
Vor den Töchtern der Wüste brüllen!
– Denn Tugend-Geheul,
Ihr allerliebsten Mädchen,
Ist mehr als Alles
Europäer-Inbrunst, Europäer-Heisshunger!
Und da stehe ich schon,
Als Europäer,
Ich kann nicht anders, Gott helfe mir!
Amen!

Die Wüste wächst: weh Dem, der Wüsten birgt!

Bei abgehellter Luft

Bei abgehellter Luft,
Wenn schon des Thau's Tröstung
Zur Erde niederquillt,
Unsichtbar, auch ungehört: –
Denn zartes Schuhwerk trägt
Der Tröster Thau gleich allen Trost-Milden –:
Gedenkst du da, gedenkst du, heisses Herz,
Wie einst du durstetest,
Nach himmlischen Thränen und Thau-Geträufel
Versengt und müde durstetest,
Dieweil auf gelben Gras-Pfaden
Boshaft abendliche Sonnenblicke
Durch schwarze Bäume um dich liefen,
Blendende Sonnen-Gluthblicke, schadenfrohe.

»Der *Wahrheit* Freier? *Du*? – so höhnten sie –
Nein! Nur ein Dichter!
Ein Thier, ein listiges, raubendes, schleichendes,
Das lügen muss,
Das wissentlich, willentlich lügen muss:
Nach Beute lüstern,
Bunt verlarvt,
Sich selber Larve,
Sich selbst zur Beute –
Das – der Wahrheit Freier?
Nein! Nur Narr! Nur Dichter!
Nur Buntes redend,
Aus Narren-Larven bunt herausschreiend,
Herumsteigend auf lügnerischen Wort-Brücken,
Auf bunten Regenbogen,
Zwischen falschen Himmeln
Und falschen Erden,
Herumschweifend, herumschwebend, –
Nur Narr! Nur Dichter!

Das – der Wahrheit Freier?
Nicht still, starr, glatt, kalt,
Zum Bilde worden,
Zur Gottes-Säule,
Nicht aufgestellt vor Tempeln,
Ein Gottes Thürwart:
Nein! Feindselig solchen Wahrheits-Standbildern,
In jeder Wildniss heimischer als vor Tempeln,
Voll Katzen-Muthwillens,
Durch jedes Fenster springend
Husch! in jeden Zufall,
Jedem Urwalde zuschnüffelnd,
Süchtig-sehnsüchtig zuschnüffelnd,
Dass du in Urwäldern
Unter buntgefleckten Raubthieren
Sündlich-gesund und bunt und schön liefest,
Mit lüsternen Lefzen,
Selig-höhnisch, selig-höllisch, selig-blutgierig,
Raubend, schleichend, lügend liefest: –

Oder, dem Adler gleich, der lange,
Lange starr in Abgründe blickt,
In *seine* Abgründe: – –
Oh, wie sie sich hier hinab,
Hinunter, hinein,
In immer tiefere Tiefen ringeln! –
Dann,
Plötzlich, geraden Zugs,
Gezückten Flugs,
Auf Lämmer stossen,
Jach hinab, heisshungrig,
Nach Lämmern lüstern,
Gram allen Lamms-Seelen,
Grimmig-gram Allem, was blickt
Schafmässig, lammäugig, krauswollig,
Grau mit Lamms-Schafs-Wohlwollen!

Also
Adlerhaft, pantherhaft
Sind des Dichters Sehnsüchte,
Sind *deine* Sehnsüchte unter tausend Larven,
Du Narr! Du Dichter!

Der du den Menschen schautest
So Gott als Schaf –:
Den Gott *zerreissen* im Menschen
Wie das Schaf im Menschen,
Und zerreissend *lachen* –

Das, Das ist deine Seligkeit!
Eines Panthers und Adlers Seligkeit!
Eines Dichters und Narren Selikeit!« – –

Bei abgehellter Luft,
Wenn schon des Monds Sichel
Grün zwischen Purpurröthen
Und neidisch hinschleicht:
– dem Tage feind,
Mit jedem Schritte heimlich
An Rosen-Hängematten
Hinsichelnd, bis sie sinken,
Nacht-abwärts blass hinabsinken: –
So sank ich selber einstmals
Aus meinem Wahrheits-Wahnsinne,
Aus meinen Tages-Sehnsüchten,
Des Tages müde, krank vom Lichte,
– sank abwärts, abendwärts, schattenwärts:
Von Einer Wahrheit
Verbrannt und durstig:
– gedenkst du noch, gedenkst du, heisses Herz
Wie da du durstestest? –
Dass ich verbrannt sei
Von *aller* Wahrheit,

Nur Narr!
Nur Dichter!

Oh Mensch! Gieb Acht!

Eins!
Oh Mensch! Gieb Acht!
Zwei!
Was spricht die tiefe Mitternacht?
Drei!
»Ich schlief, ich schlief –,
Vier!
»Aus tiefem Traum bin ich erwacht: –
Fünf!
»Die Welt ist tief,
Sechs!
»Und tiefer als der Tag gedacht.
Sieben!
»Tief ist ihr Weh –,
Acht!
»Lust – tiefer noch als Herzeleid:
Neun!
»Weh spricht: Vergeh!
Zehn!
»Doch alle Lust will Ewigkeit –,
Elf!
»– will tiefe, tiefe Ewigkeit!
Zwölf!

Einstmals ...

Einstmals – ich glaub', im Jahr des Heiles Eins –
Sprach die Sibylle, trunken sonder Weins:
»Weh, nun geht's schief!
»Verfall! Verfall! Nie sank die Welt so tief!
»Rom sank zur Hure und zur Huren-Bude,

»Rom's Caesar sank zum Vieh, Gott selbst – ward Jude!«

Wer wärmt mich ...

Wer wärmt mich, wer liebt mich noch?
Gebt heisse Hände!
Gebt Herzens-Kohlenbecken!
Hingestreckt, schaudernd,
Halbtodtem gleich, dem man die Füsse wärmt –
Geschüttelt, ach! von unbekannten Fiebern,
Zitternd vor spitzen eisigen Frost-Pfeilen,
Von dir gejagt, Gedanke!
Unnennbarer! Verhüllter! Entsetzlicher!
Du Jäger hinter Wolken!
Darniedergeblitzt von dir,
Du höhnisch Auge, das mich aus Dunklem anblickt:
– so liege ich,
Biege mich, winde mich, gequält
Von allen ewigen Martern,
Getroffen
Von Dir, grausamster Jäger,
Du unbekannter – Gott!

Triff tiefer,
Triff Ein Mal noch!
Zerstich, zerbrich diess Herz!
Was soll diess Martern
Mit zähnestumpfen Pfeilen?
Was blickst du wieder,
Der Menschen-Qual nicht müde,
Mit schadenfrohen Götter-Blitz-Augen?
Nicht tödten willst du,
Nur martern, martern?
Wozu – *mich* martern,
Du schadenfroher unbekannter Gott? –

Haha! Du schleichst heran?
Bei solcher Mitternacht
Was willst du? Sprich!
Du drängst mich, drückst mich —
Ha! schon viel zu nahe!
Weg! Weg!
Du hörst mich athmen,
Du behorchst mein Herz,
Du Eifersüchtiger —
Worauf doch eifersüchtig?
Weg! Weg! Wozu die Leiter?
Willst du *hinein*,
In's Herz,
Einsteigen, in meine heimlichsten
Gedanken einsteigen?
Schamloser! Unbekannter — Dieb!
Was willst du dir erstehlen,
Was willst du dir erhorchen,
Was willst du dir erfoltern,
Du Folterer!
Du — Henker-Gott!

Oder soll ich, dem Hunde gleich,
Vor dir mich wälzen?
Hingebend, begeistert-ausser-mir,
Dir — Liebe zuwedeln!

Umsonst! Stich weiter,
Grausamster Stachel! Nein,
Kein Hund — dein Wild nur bin ich,
Grausamster Jäger!
Dein stolzester Gefangner,
Du Räuber hinter Wolken!
Sprich endlich,
Was willst du, Wegelagerer, von *mir*?
Du Blitz-Verhüllter! Unbekannter! Sprich,
Was *willst* du, unbekannter Gott? — —

Wie? Lösegeld?
Was willst du Lösegelds?
Verlange Viel – das räth mein Stolz!
Und rede kurz – das räth mein andrer Stolz!

Haha!
Mich – willst du? Mich?
Mich – ganz?

Haha!
Und marterst mich, Narr, der du bist,
Zermarterst meinen Stolz?
Gieb *Liebe* mir – wer wärmt mich noch?
Wer liebt mich noch? – gieb heisse Hände,
Gieb Herzens-Kohlenbecken,
Gieb mir, dem Einsamsten,
Den Eis, ach! siebenfaches Eis
Nach Feinden selber,
Nach Feinden schmachten lehrt,
Gieb, ja ergieb,
Grausamster Feind,
Mir – *dich*! – –

Davon!
Da floh er selber,
Mein letzter einziger Genoss,
Mein grosser Feind,
Mein Unbekannter,
Mein Henker-Gott! –
– Nein! Komm zurück,
Mit allen deinen Martern!
Zum Letzten aller Einsamen
Oh komm zurück!
All meine Thränen-Bäche laufen
Zu dir den Lauf!
Und meine letzte Herzens-Flamme –
Dir glüht sie auf!

Oh komm zurück,
Mein unbekannter Gott! Mein Schmerz! Mein letztes —
Glück!

Der du mit dem Flammenspeere

Der du mit dem Flammenspeere
Meiner Seele Eis zertheilt,
Dass sie brausend nun zum Meere
Ihrer höchsten Hoffnung eilt:
Heller stets und stets gesunder,
Frei im liebevollsten Muss: —
Also preist sie deine Wunder,
Schönster Januarius!

Schicksal ...

»Schicksal, ich *folge* dir! Und wollt' ich nicht,
ich *müsst'* es doch und unter Seufzen thun!«

»Freunde, es giebt ...

»Freunde, es giebt keine Freunde!« so rief der sterbende Weise;
»Feinde, es giebt keinen Feind!« — ruf' ich, der lebende Thor.